[RÉPUB]LIQUE FRANÇAISE. — DÉPARTEMENT DE LA SARTHE.

VILLE DU MANS

POPULATION : TOTALE, 69,361 ; AGGLOMÉRÉE, 57,419, SOUMISE A L'OCTROI 63,144. — Recensement de 1911.

RÈGLEMENT
POUR LA PERCEPTION
DES DROITS DE L'OCTROI
DE LA
VILLE DU MANS

A partir du 1er Janvier 1912.

LE MANS
ASSOCIATION OUVRIÈRE, JOBIDON ET Cie
2, RUE DU PORC-ÉPIC, 2

1912

RÈGLEMENT DE L'OCTROI

DE LA

VILLE DU MANS

RÉPUBLIQUE FRANÇAISE. — DÉPARTEMENT DE LA SARTHE.

VILLE DU MANS

POPULATION : TOTALE, 69,361; AGGLOMÉRÉE, 57,419, SOUMISE A L'OCTROI 63,144. — Recensement de 1911.

RÈGLEMENT

POUR LA PERCEPTION

DES DROITS DE L'OCTROI

DE LA

VILLE DU MANS

A partir du 1er Janvier 1912.

LE MANS
ASSOCIATION OUVRIÈRE, JOBIDON ET Cie
2, RUE DU PORC-ÉPIC, 2

1912

RÈGLEMENT DE L'OCTROI

DE LA

VILLE DU MANS

A partir du 1er Janvier 1912.

CHAPITRE PREMIER.

§ Ier. — De la perception.

Article Premier.

L'Octroi municipal et de bienfaisance établi dans la commune du Mans, département de la Sarthe, sera perçu conformément au tarif ci-annexé, et d'après les dispositions du présent règlement.

La perception se fera sur tous les objets compris au tarif et sur tous les consommateurs, sans aucune exception.

La surveillance immédiate de l'Octroi appartient au Maire, sous l'autorité de l'administration supérieure.

La surveillance générale sera exercée par la régie des Contributions indirectes.

Article 2

Le rayon de l'Octroi comprendra sans aucune réserve tout le territoire de la commune compris dans le périmètre tracé par des lignes droites tirées de l'un à l'autre des poteaux ci-après indiqués, sauf les exceptions qui sont énoncées au dernier paragraphe du présent article.

Les poteaux porteront les mots : « *Octroi du Mans* » et seront placés, savoir :

Le 1er sur le côté droit de la route n° 157, du Mans à Laval, au point d'intersection du chemin de fer de Paris à Brest;

Le 2e sur le chemin n° 16, des rues de Beaugé au viaduc du chemin de fer;

Le 3e sur le chemin n° 4, du Mans à Rouillon, au passage à niveau du chemin de fer;

Le 4e sur la route n° 1, du Mans à Sablé, à l'entrée du viaduc du chemin de fer de Paris à Brest;

Le 5e sur le marche-pied du canal des Planches, à l'entrée du viaduc du chemin de fer;

Le 6e sur le chemin de halage de la Sarthe, rive droite, en face de l'embouchure de l'Huisne dans cette rivière;

Le 7e sur la rive gauche de l'Huisne, au pont du chemin n° 29, du Mans à Arnage par le Gué-de-Maulny ;

Le 8e sur le chemin n° 20, dit du Champ-de-Manœuvre, à l'entrée du viaduc du chemin de fer du Mans à Tours;

Le 9e sur le chemin n° 20, dit du Champ-de-Manœuvre, à l'entrée de la rue du Champ-de-Mars;

Le 10e sur le chemin n° 19, du Mans à Arnage, par Pontlieue, au point de séparation des propriétés Cailleau et Lefaucheux ;

Le 11e sur la route n° 23, du Mans à Angers, à 22 mètres 50 centimètres de l'angle de la rue des Sapins ;

Le 12e sur le chemin n° 17, du Mans à Laigné, à 12 mètres de l'angle de la rue des Sapins ;

Le 13e sur la route n° 158, du Mans à Tours, au-dessus des maisons appartenant à Mme veuve Landry et ses enfants, à l'angle d'un terrain appartenant à M. Morillon ;

Le 14e sur le chemin n° 9, du Mans à Ruaudin, à l'extrémité du jardin de M. L'hommeau ;

Le 15e sur la route n° 3, du Mans au Grand-Lucé, à 25 mètres au delà de l'entrée du chemin de Ruaudin ;

Le 16e sur le chemin du Bourg-Bas, au point de séparation des propriétés de MM. Beaumont et Binet ;

Le 17e sur le chemin n° 10, dit des Sablons, à l'entrée de l'allée qui conduit à la ferme de la Fuie ;

Le 18e sur la route n° 23, du Mans à Paris, à 40 mètres au delà de l'entrée du chemin de Montheard ;

Le 19e au carrefour formé par les chemins de Malpalu, de Gazonfier et de la Solitude ;

Le 20e sur le chemin n° 8, dit de l'Eventail, à l'extrémité N.-E. du premier champ au delà du cimetière de Sainte-Croix ;

Le 21e sur le chemin dit de Champ-Garreau, ou de l'Ardoise, à l'extrémité Est du jardin potager de la propriété de Champ-Garreau appartenant à M. Tessier ;

Le 22e sur le chemin n° 12, dit de Prémartine, à l'entrée du chemin des Pompes;

Le 23e sur le chemin n° 2, dit des Pompes, du Mans à Yvré-l'Evêque, à l'entrée du chemin des Geais-Noirs;

Le 24e sur la route n° 138 *bis*, du Mans à Bonnétable au lieu dit des Osiers;

Le 25e sur le chemin n° 3, du Mans à Sargé, au lieu dit de la Thibaudière, à l'extrémité des maisons de Mme veuve de Cottignies;

Le 26e sur la limite des communes du Mans et de Coulaines, entre les propriétés de M. Charles Joreau de Beaurepaire et Mme veuve Riballier des Iles, section de Banjan;

Le 27e sur la route n° 11, du Mans à Ballon, à l'entrée du chemin de l'Herberie;

Le 28e sur le chemin de l'Herberie, à la limite des communes du Mans et de Coulaines;

Le 29e sur le chemin n° 5, du Mans à Saint-Pavace, à la limite des communes du Mans et de Coulaines;

Le 30e sur la rive droite de la Sarthe, à la hauteur du chemin qui longe le mur du Grand Cimetière, où se trouve l'entrée;

Le 31e sur la rue de la Madeleine, à l'entrée du chemin indiqué ci-dessus, conduisant au Cimetière;

Le 32e sur la route n° 138, du Mans à Alençon, à 10 mètres en deçà de la maison de M. Gautier;

Le 33e sur la route n° 2, du Mans à Sillé, par St-Aubin, à 50 mètres au delà des bâtiments du lieu des Ormeaux;

Le 34e sur le chemin nº 7, du Mans à Degré, à 200 mètres au delà du chemin des Cochereaux ;

Par exception, la ligne de démarcation s'écartera de la ligne droite d'un point à un autre, et suivra, savoir : des poteaux 1 à 5, la clôture du chemin de fer de Paris à Brest, côté donnant sur la ville, des poteaux 5 à 6, la rive droite du canal des Planches et de la rivière de la Sarthe ; des poteaux 6 à 8, la rive gauche de la rivière de l'Huisne et la clôture extérieure du chemin de fer du Mans à Tours ; des poteaux 8 à 10, le côté gauche du chemin du Champ-de-Manœuvre, du petit chemin traversier et du chemin d'Arnage ; des poteaux 23 à 24, le côté gauche du chemin des Geais-Noirs ; des poteaux 24 à 25, le côté gauche du petit chemin qui contourne la propriété des Osiers et débouche à la Thibaudière sur le chemin de Sargé ; des poteaux 26 à 27, en suivant la limite des communes du Mans et de Coulaines jusqu'à la route de Ballon ; des poteaux 27 à 30, le côté gauche du chemin de l'Herberie jusqu'à la limite des communes du Mans et de Coulaines, puis la limite de ces mêmes communes.

Article 3.

Les déclarations et la recette des droits se feront aux bureaux ci-après désignés, savoir :

Pontlieue, *Sablons*, *Paris*, *Éventail*, *Prémartine*, *Pompes*, *Bonnétable*, *Ballon*, *Saint-Pavace*, *Alençon*, *Laval*,

Saint-Pavin, Rouillon, Sablé, Sarthe, Bourg-Belé, Gué-de-Maulny, Messageries, Gare, Abattoir, Tramways et Central.

Les objets arrivant par eau seront déclarés au bureau des Tramways, avant l'entrée des bateaux dans le port, ou en cas de déchargement en aval du port, avant le commencement dudit déchargement.

Ces bureaux seront indiqués par un tableau portant ces mots : *Bureau de l'Octroi*. Ils seront ouverts tous les jours, savoir :

Les dix-huit premiers, pendant janvier, février, mars, octobre, novembre et décembre, de 6 heures du matin, à 9 heures du soir, et pendant avril, mai, juin, juillet, août et septembre, de 5 heures du matin à 9 heures du soir.

Le bureau de l'Abattoir sera ouvert les dimanches et jours fériés, de 6 heures du matin à midi, et les autres jours, pendant janvier, février, mars, octobre, novembre et décembre, de 6 heures du matin à 8 heures du soir, et pendant avril, mai, juin, juillet, août et septembre, de 5 heures du matin à 9 heures du soir.

Le bureau des Tramways sera ouvert en tout temps de 5 heures du matin à 9 heures du soir.

Le bureau central sera ouvert les dimanches, de 8 heures à 10 heures du matin, et tous les autres jours, de 8 heures du matin à 4 heures du soir. Il sera fermé les jours fériés.

Le bureau de la Gare sera ouvert de jour et de nuit.

Quant aux liquides soumis aux droits du Trésor, ils ne pourront entrer et sortir que dans l'intervalle de temps déterminé par l'article 26 de la loi du 28 avril 1816.

Les présents tarifs et règlements seront affichés dans l'intérieur et à l'extérieur desdits bureaux.

Toute introduction d'objets assujettis à l'Octroi hors les heures d'ouverture et de fermeture des bureaux ou par d'autres points que ceux où sont placés les bureaux de recette et par d'autres voies que celles qui y conduisent directement du dehors, sera réputée frauduleuse et punie comme telle. Spécialement sont interdits, les chemins du Bourg-Bas, de Malpalu, de la Petite-Barre, de l'Ardoise, de la Madeleine, des Cochereaux et de halage sur la Sarthe, et tous autres chemins, ruelles, sentiers, passages ou gués n'aboutissant pas directement à un bureau de perception.

Toutefois, l'introduction par d'autres voies est permise aux cultivateurs dont les fermes sont situées dans le rayon de l'Octroi, lorsque eux-mêmes ou leurs serviteurs et domestiques, accrédités comme étant à leur service, *amènent en ville* soit des bestiaux, soit des denrées, provenant de leur récolte et assujetties aux droits, mais à la condition qu'ils suivent la route conduisant le plus directement au bureau de recette le plus proche, afin d'y passer les déclarations, y acquitter ou consigner les droits.

Il pourra être établi des postes de surveillance partout où l'exigera la sûreté de la perception le nombre et l'emplacement de ces postes seront déterminés par le Maire.

---

§ II. — Perception sur les objets venant de l'extérieur.

Article 4

Tout porteur ou conducteur d'objets assujettis aux droits d'Octroi sera tenu, avant de les introduire, d'en faire la déclaration au bureau ; de produire les congés, acquits-à-caution, passavants, ainsi que les lettres de voitures, connaissements, charte-parties ou toutes autres expéditions qui les accompagnent, et d'acquitter les droits si les objets sont destinés à la consommation locale, sous peine de la confiscation desdits objets et d'une amende de 100 à 200 francs.

Toute déclaration devra indiquer la nature, la quantité, le poids et le nombre des objets introduits.

Article 5.

Après la déclaration, les Préposés pourront faire toutes les recherches, visites et vérifications nécessaires pour en constater l'exactitude. Les conducteurs seront tenus de souffrir et même de faciliter toutes les opérations relatives auxdites vérifications. Ils seront tenus, lorsqu'ils en seront requis, sous peine d'être considérés comme s'opposant à l'exercice, de conduire, sans désemparer, aux bascules de la ville, les chargements dont la vérification au poids, ne pourrait être faite devant les bureaux de déclaration. Dans ce cas le pesage au poids brut, le déchargement à destination et la reconnaissance de la tare devront avoir lieu sans interruption et en présence d'un Préposé de l'Octroi.

Tout objet soumis aux droits qui, nonobstant l'interpellation faite par les Préposés, serait introduit sans avoir été déclaré, ou sur une déclaration fausse, sera saisi; les voitures, chevaux et autres moyens de transport seront également saisis, à défaut par les contrevenants de consigner le maximum de l'amende prononcée par l'article précédent, ou de fournir caution valable.

Article 6.

Il est défendu aux employés, sous peine de destitution et de tous dommages-intérêts, de faire usage de la sonde dans la visite des malles, caisses et ballots annoncés contenir des étoffes, linges et autres objets susceptibles d'être endommagés.

Dans ce cas, comme dans tous ceux où le contenu des caisses et ballots serait inconnu et ne pourrait être vérifié immédiatement, la vérification en serait faite dans les emplacements à ce destinés et déterminés par l'autorité locale.

Article 7.

L'introduction ou la tentative d'introduction, dans le rayon de l'Octroi, d'objets soumis aux droits, à l'aide d'ustensiles préparés ou de moyens disposés pour la fraude donnera lieu à l'arrestation du porteur ou conducteur desdits objets; cette arrestation pourra être opérée par les Préposés de l'Octroi.

Article 8.

Lorsque, en vertu de l'article précédent, les Préposés auront arrêté et constitué prisonnier un fraudeur, ils seront tenus de le conduire sur le champ devant un officier de police judiciaire ou de le remettre à la force armée, qui le conduira devant le Juge compétent, lequel statuera de suite, par décision motivée, sur l'emprisonnement ou la mise en liberté du prévenu.

Néanmoins, celui-ci sera immédiatement mis en liberté, s'il offre bonne et suffisante caution de se présenter en justice et d'acquitter l'amende encourue, ou s'il consigne ladite amende.

§ III. — Perception sur les objets de l'intérieur.

—

Article 9.

Toute personne qui récolte, prépare ou fabrique, dans l'intérieur du rayon de l'Octroi, des objets compris au tarif, est tenue, sous peine de la confiscation des objets récoltés, préparés ou fabriqués, et d'une amende de 100 à 200 francs, d'en faire la déclaration et, si elle ne réclame la faculté de l'entrepôt, d'acquitter immédiatement le droit.

Les déclarations auront lieu dans les vingt-quatre heures qui suivront les récoltes, extractions, préparations et naissances des animaux de boucherie.

Les Préposés de l'Octroi reconnaîtront à domicile les quantités extraites, récoltées, préparées ou fabriquées, et feront toutes les vérifications nécessaires pour prévenir et réprimer la fraude.

Article 10.

Les animaux destinés à être abattus seront, s'il y a lieu, marqués au feu au moment de leur introduction ; ceux qu'on introduira morts, ou qu'on abattra dans l'intérieur des limites, seront marqués sur les extrémités des quartiers. On ne pourra, dans ce cas, se servir d'autres marques que celles déterminées par le Maire.

Les Préposés de l'Octroi pourront vérifier si les viandes exposées en vente et celles en cours de transport sont revêtues de marques prescrites, et saisir celles qui ne seraient pas marquées. Ils sont, en conséquence, autorisés à faire toutes les recherches et vérifications nécessaires pour s'assurer du payement des droits.

CHAPITRE II

§ 1er. — PASSE-DEBOUT, TRANSIT ET ENTREPÔT DES OBJETS SOUMIS AUX DROITS DU TRÉSOR.

Article 11.

Les formalités du passe-debout des boissons soumises au droit d'entrée seront les mêmes pour l'Octroi, que celles qui sont observées par la régie des Contributions indirectes. Il en sera de même en ce qui concerne le transit des boissons.

L'entrepôt des boissons aura lieu, pour l'Octroi, d'après les mêmes formalités, conditions et pour les mêmes quantités que celles qui sont fixées à l'égard des droits du Trésor.

Les exercices chez les entrepositaires seront faits par les Employés des contributions indirectes, en conformité de l'article 91 de l'ordonnance du 9 décembre 1814.

---

§ II. — Passe-debout des objets non soumis aux droits du Trésor.

—

Article 12.

Le conducteur d'objets soumis à l'Octroi, qui voudra traverser seulement la commune, ou y séjourner moins de vingt-quatre heures, sera tenu de se munir d'un passe-debout.

Article 13.

Pour jouir de l'exemption résultant d'un passe-debout, les propriétaires, conducteurs, ou porteurs d'objets portés au tarif, seront tenus de faire les déclarations prescrites par l'article 4 et d'indiquer, en outre, le lieu du départ et celui de la destination.

Article 14.

Les droits seront consignés ou cautionnés.

Ces droits seront rendus ou la caution déchargée lorsqu'il aura été justifié de la sortie des objets.

Lorsqu'il sera possible de faire escorter les chargements, le conducteur pourra être dispensé de consigner ou de faire cautionner les droits, mais il devra acquitter les frais d'escorte qui sont réglés de la manière suivante :

Conduite de jour......... un franc.
Conduite de nuit......... deux francs.

Les objets escortés ne pourront stationner dans le parcours de l'escorte, à moins de force majeure. Tout refus de la part des conducteurs de se soumettre à cette obligation serait réputé opposition à l'exercice et poursuivi comme tel.

Article 15.

Les employés de l'Octroi assisteront à toutes les opérations relatives à la vente publique sur le marché à ce destiné des poissons, coquillages et autres compris au tarif, introduits à cet effet sur passe-debout ; ils constateront le montant des adjudications, établiront les droits dus, lesquels devront être immédiatement versés au Bureau central, à la diligence de l'agent principal de la vente.

Toute personne chargée de la vente publique au marché sera tenue de communiquer aux employés de l'Octroi, à toute réquisition, les registres, carnets et autres documents se rapportant à la vente.

Article 16.

Toute substitution ou toute altération faites dans la nature ou l'espèce des objets en passe-debout ou en transit, pendant la durée du séjour, fera encourir au contrevenant une amende de 100 à 200 francs et entraînera, en outre, la confiscation des objets représentés et le payement d'une somme égale à la différence de leur valeur avec celle des objets reconnus à l'entrée, laquelle sera déterminée d'après le prix moyen dans le lieu sujet.

Article 17.

Les caisses et ballots accompagnés d'acquits-à-caution, et portant les plombs et marques des contributions indirectes ou des douanes, sont affranchis des visites et vérifications, si les plombs et marques sont reconnus sains et entiers, et dans le cas seulement où les objets resteront sous la surveillance des Employés.

Article 18.

Dans le cas où par force majeure ou par accident reconnu par les autorités locales, un conducteur sera retenu dans le rayon de l'Octroi, au delà du délai fixé, le passe-debout sera, sur sa déclaration, converti en transit, et les objets seront mis sous la surveillance des Employés de l'Octroi, jusqu'à leur sortie. Les frais de loyer ou de garde, s'il y en a, seront à la charge des déclarants.

Article 19.

En cas de changement dans les moyens de transport ayant pour effet de rendre plus difficile la vérification à la sortie des objets introduits sur passe-debout; les Employés devront être appelés.

---

§ III. — Transit des objets non soumis aux droits du Trésor.

Article 20.

Les déclarations et formalités prescrites pour les objets en passe-debout (excepté en ce qui concerne l'escorte) auront lieu également pour le transit. Les droits seront consignés ou cautionnés. Les objets remis en transit resteront sous la surveillance des Préposés jusqu'au moment du départ.

Article 21.

La durée du transit est fixée à trois jours. Toutefois en cas de besoin dûment constaté, ce délai pourra être prolongé par le Maire ou par le Préposé en Chef délégué par le Maire à cet effet.

Article 22.

Les droits seront restitués ou la caution déchargée au moment de la sortie. S'il n'était représenté qu'une portion des objets introduits, les droits seraient acquis sur la portion non représentée, à moins toutefois que la vente n'en eut été faite à un entrepositaire, et les objets pris en charge à son compte.

Article 23.

Les objets amenés aux foires et marchés sont assujettis à toutes les formalités du transit. Vingt-quatre heures après le délai fixé par l'article 21, ou après l'expiration des foires et marchés, les droits consignés seront définitivement acquis à l'Octroi, s'il n'a pas été justifié de la sortie des objets.

Les droits à consigner pour les bestiaux introduits sur passe-debout dans le rayon de l'Octroi, et ceux à acquitter par les entrepositaires en cas de manquants constatés à leur charge, ainsi que les contrevenants, sont fixés comme il suit :

Bœufs et taureaux....	par tête...	42 fr.	»
Vaches et génisses....	par tête...		
Veaux..............	par tête...	8	»
Moutons et agneaux...	par tête...	4	»
Porcs..............	par tête...	9	»
Porcs de lait........	par tête...	1	»

Article 24.

La consignation de un franc fixée pour les porcs de lait ne s'applique pas à ceux de ces animaux admis en entrepôt, le droit à acquitter en cas de manquant étant de 9 francs comme pour les porcs ordinaires.

Article 25.

Les voitures et transports militaires chargés d'objets assujettis aux droits sont soumis aux règles ci-dessus prescrites pour le transit et le passe-debout (*Art. 40 de l'ordonnance du 9 décembre* 1814). Toutefois, dans le cas où l'emploi de ces formalités pourrait apporter un retard nuisible, les Préposés se borneront à surveiller ou à escorter le convoi.

Article 26.

Les diligences, fourgons, fiacres, cabriolets et autres voitures de louage sont soumis aux visites des Préposés de l'Octroi.

Il en est de même des voitures particulières suspendues ou non suspendues.

Article 27.

Les individus voyageant à pied ou à cheval ne pourront être arrêtés, questionnés ou visités sur leur personne, ni à raison de leurs effets.

Tout acte contraire à la présente disposition sera réputé acte de violence, et les Préposés qui s'en rendront coupables seront poursuivis correctionnellement et punis des peines prononcées par les lois. Tout individu soupçonné de faire de la fraude à la faveur de cette exception pourra être conduit devant un Officier de police ou devant le Maire pour y être interrogé et la visite de ses effets autorisée, s'il y a lieu.

Article 28.

Les courriers ne pourront être arrêtés à leur passage, sous prétexte de la perception ; mais ils seront tenus d'acquitter les droits sur les objets soumis à l'Octroi qu'ils introduiraient pour être consommés dans la localité ; à cet effet les Préposés sont autorisés à assister au déchargement des malles.

---

§ IV. — Bestiaux entretenus dans le rayon de l'octroi,

—

Article 29.

Les propriétaires de bestiaux entretenus dans le rayon de l'Octroi devront faire leur déclaration au bureau Central. Il leur sera délivré s'il y a lieu, un bulletin d'entrepôt ou un permis de circulation indicatif du nombre, de l'espèce et du lieu de passage affecté à la sortie et à la rentrée de ces animaux. Ceux qui seraient introduits au delà du nombre fixé par le permis et sans déclaration préalable, seront saisis.

Article 30.

Les propriétaires de bestiaux dont il s'agit souffriront les visites et exercices des Préposés de l'Octroi dans leurs étables et bergeries. Il sera fait inventaire de leurs bestiaux, lequel sera suivi de recensement aux époques fixées par le Maire.

Article 31.

Ils sont aussi tenus de déclarer d'avance le nombre et l'espèce des animaux qu'ils livreront aux bouchers et charcutiers, ceux qu'ils feront venir du dehors pour les remplacer, et ceux qu'ils abatteront pour leur consommation personnelle.

Ils déclareront également toute diminution ou augmentation dans le nombre de leurs bestiaux pour quelque cause que ce soit.

Article 32.

Les bestiaux morts naturellement ou exportés hors de la commune, ne sont passibles d'aucun droit. Il sera fait déclaration des premiers dans le jour de la mort, et des seconds préalablement à leur exportation. Ces déclarations seront vérifiées par les Préposés. A l'époque des recensements, les propriétaires sont tenus d'acquitter les droits pour les bestiaux reconnus manquants à leur charge.

Article 33.

Toutes les fois qu'il sera rencontré dans le rayon de l'Octroi, un animal assujetti aux droits, pour lequel il ne pourra être représenté ni passe-debout, ni permis de circulation, l'animal sera saisi et le conducteur passible de la confiscation et de l'amende édictée par l'article 4.

---

§ V. — ENTREPOT A DOMICILE DES OBJETS NON SOUMIS AUX DROITS DU TRÉSOR.

Article 34.

Les propriétaires et commerçants sont, en justifiant de leur qualité, admis à recevoir chez eux et dans leurs magasins, à titre d'entrepôt et sans acquittement préalable des droits, les marchandises soumises à l'Octroi.

Les admissions à la qualité d'entrepositaire seront prononcées par le Maire. Toutes les contestations qui s'élèveraient relativement à l'admission au bénéfice de l'entrepôt seront portées devant le Maire, qui prononcera, sauf recours au Préfet.

Article 35.

Sont désignés ci-après les objets admis à l'entrepôt à domicile, ainsi que les quantités au-dessous desquelles la faculté de l'entrepôt ne pourra être accordée, et le certificat de sortie délivré.

Les bestiaux seront admis en toutes quantités.

DÉSIGNATION DES OBJETS ADMIS A L'ENTREPOT	MINIMA A L'ENTRÉE	MINIMA A LA SORTIE
Bière de toute espèce	15 hectol.	12 litres.
Vinaigre jusqu'à 8 degrés	5 hectol.	50 —
Moutarde liquide	200 kilog.	10 kilog.
Viandes et lards salés exotiques.	500 kilog.	25 —
Foies gras en conserves	200 —	5 —
Viandes fraîches dépecées	200 —	5 —
Poissons et champignons en conserves	500 —	10 —
Truffes en nature ou en conserves	50 —	250 gram.
Conserves de fruits et fruits secs.	500 —	10 kilog.
Oranges, citrons, limons, grenades.	500 —	20 —
Charbons de bois	5.000 —	100 —
Charbons de terre	10.000 —	500 —
Cires	300 —	5 —
Bougies stéariques	300 —	10 —
Avoines non concassées	3.000 —	150 —
Chaux en sacs	50 hectol.	5 hectol.
Ciment	2.000 kilog.	100 kilog.
Plâtre	20.000 —	200 —
Marbres travaillés	5 m. cub.	25 déc. cubes
Fers, fontes et autres métaux	5.000 kilog.	50 kilog.
Ardoises	100.000 pièces.	1.000 pièces.
Matériaux en terre cuite	5.000 kilog.	100 kilog.
Carreaux et pavés pour mosaïques.	3.000 —	300 —
Pavés de grès dits de Marseille	6.000 pièces.	500 pièces.
Pierres de taille dures	20 m. cub.	300 déc. cubes
Tuiles dites de Bourgogne	3.000 pièces.	300 pièces.
Briques de toute espèce	5.000 —	500 —
Bois dur de construction	20 m. cub.	250 déc. cubes
Bois de sapin du Nord	20 —	250 —
Bois tendre de construction	20 —	250 —
Verres à vitres	500 kilog.	20 kilog.
Cartons bitumés	200 —	20 —
Glaces sans tain ou étamées	500 —	20 —
Essences, céruse, blanc de zinc, couleurs et peintures préparées	200 —	5 —
Savons de toilette	300 —	3 —
Bois dur de chauffage en rondins	50 stères	1 stère
Vernis, miniun, litharge	100 kilog.	10 kilog.

Les introductions subséquentes pourront avoir lieu en toutes quantités.

Article 36.

Les combustibles et les matières premières à employer dans les établissements industriels et dans les manufactures de l'État sont admis à l'entrepôt à domicile.

Toutefois l'entrepôt ne sera pas accordé pour les matières premières dans le cas où la somme à percevoir à raison des quantités pour lesquelles elles entrent dans un produit industriel n'atteindrait pas 1/4 °/₀ de la valeur de ce produit.

Pour jouir de l'entrepôt à domicile relativement aux combustibles employés dans les établissements industriels à la préparation des produits destinés au commerce général, le soumissionnaire devra faire entrer une première fois dix mille kilogrammes au moins de charbon de terre ou d'anthracite. Les arrivages subséquents pourront avoir lieu en toute quantité.

Décharge sera accordée aux entrepositaires pour toutes les quantités de combustibles et de matières premières employées dans ces établissements à la préparation ou à la fabrication de produits qui ne sont frappés d'aucun droit par le tarif de l'Octroi du lieu sujet, pourvu que l'emploi ait été préalablement déclaré et qu'il en ait été justifié aux Préposés de l'Octroi chargés de l'exercice des entrepôts; à défaut de quoi le droit sera perçu sur les quantités manquantes.

Si le produit industriel à la préparation ou à la fabrication duquel sont employés les combustibles ou les matières premières est imposé au tarif de l'Octroi, l'entrepositaire n'en obtiendra pas moins l'affranchissement pour le combustible et la matière première employés à la fabrication, mais il paiera le droit dû par les produits industriels pour ceux de ces produits qu'il ne justifiera pas avoir fait sortir du lieu sujet.

Décharge sera également accordée, dans les conditions spécifiées aux paragraphes précédents, aux combustibles employés dans l'exploitation des mines à la production de la force motrice, ainsi qu'aux bois, fers et matériaux de toute sorte servant au revêtement ou au soutènement des puits et galeries, pourvu toutefois que la somme à percevoir, à raison des quantités pour lesquelles ces matériaux concourront à l'exploitation, atteigne un quart pour cent de la valeur du produit extrait.

Article 37.

Lorsque les droits d'Octroi auront été acquittés à l'entrée pour des combustibles ou des matières premières qui, dans l'intérieur du lieu sujet, seront employés à la préparation ou à la fabrication d'un produit industriel livré à la consommation intérieure et imposable, s'il est régulièrement justifié de ce payement, le montant desdits droits sera précompté sur celui des droits dus pour le produit fabriqué.

Toutefois, il n'y aura jamais lieu à remboursement d'aucune portion des droits payés à l'entrée, dans le cas où ils se trouveraient excéder ceux qui sont dus pour le produit fabriqué lui-même.

Article 38.

Ne seront soumis à aucun droit d'Octroi les approvisionnements en vivres destinés au service de l'armée de terre, ainsi que de la marine militaire ou marchande, et qui ne doivent pas être consommés dans le lieu sujet : les bois, fers et généralement toutes les matières employées pour la confection ou l'entretien du matériel de l'armée de terre, dans les constructions navales et pour la fabrication d'objets servant à la navigation, les combustibles et toutes autres matières embarquées sur les bâtiments de l'État et du commerce pour être consommées ou employées en mer.

Ces approvisionnements et matières seront introduits dans les magasins de la guerre, de la marine de l'État et de la marine marchande, de la manière prescrite pour les objets en entrepôt.

Le compte en sera suivi par les Employés et Préposés

désignés à cet effet, et les droits d'Octroi ne seront dus que sur les quantités enlevées pour l'intérieur du lieu sujet et pour toute autre destination que celle qui est spécifiée ci-dessus.

Article 39.

Les charbons de terre et tous autres combustibles employés tant par l'Administration de la guerre, pour la fabrication ou l'entretien du matériel de guerre et pour la confection d'objets destinés à être consommés hors du lieu sujet, que par la marine de l'État et par la marine marchande pour la confection d'objets destinés à la navigation, seront, comme ceux qui sont employés dans les établissements industriels pour la préparation ou la fabrication d'objets destinés au commerce général, affranchis au moyen de l'entrepôt, du payement de tous droits d'Octroi.

Article 40.

Les combustibles et matières premières destinés au service de l'exploitation des chemins de fer, aux travaux des ateliers et à la construction de la voie, seront affranchis de tous droits d'Octroi.

En conséquence, les dispositions relatives à l'entrepôt à domicile des combustibles et matières premières employés dans les établissements industriels à la préparation et à la fabrication des objets destinés au commerce général sont applicables aux fers, bois, charbons, et, en général, à tous les matériaux employés dans les conditions ci-dessus indiquées.

En dehors de ces conditions, tous les objets portés au tarif qui seront consommés dans les gares, salles d'attente, bureaux et logements dépendant des gares, seront soumis aux taxes locales.

Les dispositions qui précèdent sont applicables à la construction et à l'entretien des lignes télégraphiques.

Article 41.

L'abonnement annuel pourra être demandé, pour les combustibles et matières admises à l'entrepôt aux termes des articles 36 et suivants.

Les conditions de l'abonnement seront réglées de gré à gré entre le Maire et le redevable.

Article 42.

Les entrepositaires seront tenus de fournir aux employés de l'Octroi et de mettre à leur disposition les hommes et les ustensiles nécessaires pour faciliter la reconnaissance et le pesage, mesurage ou jaugeage des quantités restant en entrepôt, afin que ces Préposés puissent établir le compte des droits dus sur les manquants reconnus et dont la sortie ou l'emploi n'aurait pas été justifié.

Article 43.

Si les entrepositaires refusaient de se conformer aux obligations qui leur sont imposées par l'article précédent, il serait procédé d'office, à leurs frais, aux vérifications dont il s'agit, et outre la saisie et l'amende encourues pour le cas de fraude dûment constaté, ils seraient passibles des peines prévues par l'article 67 du présent règlement pour le fait d'empêchement aux exercices.

Article 44.

Indépendamment des obligations ci-dessus mentionnées et des autres conditions qui leur sont imposées, lesdits entrepositaires seront tenus de diviser leurs magasins en cases régulières, d'un cubage facile et d'une contenance déterminée.

Article 45.

Les conditions pour l'entrepôt sont : de faire une déclaration par écrit, au bureau de l'Octroi, avant l'entrée des objets entreposés, pour ceux venant de l'extérieur et avant le commencement de la récolte, de chaque préparation ou fabrication, pour les objets produits à l'intérieur du rayon de l'Octroi; de permettre les visites et exercices des Préposés; de leur ouvrir, à toute réquisition, les caves, magasins et autres lieux de dépôt; et de faire, de la manière et dans les formes voulues par le présent réglement, les déclarations d'expéditions pour le dehors et pour l'intérieur.

Les industriels qui profitent de la faculté d'entrepôt pour les combustibles et matières premières en vertu de l'article 36 du règlement devront, s'ils n'ont pas obtenu l'abonnement, faire la déclaration des quantités de combustibles ou de matières premières qu'ils sont dans l'intention d'employer à cet usage.

Article 46.

Les détaillants ne sont pas admis à l'entrepôt à domicile : toutefois les marchands en gros ou demi-gros pourront jouir de cette faculté alors même qu'ils feraient dans les mêmes magasins des ventes au détail.

Article 47.

Toute expédition d'objets entreposés, ne pourra avoir lieu qu'aux heures indiquées par l'article 3 du présent règlement, et devra avant l'enlèvement desdits objets, être déclarée au Bureau Central de l'Octroi. Les droits seront acquittés sur le champ pour les objets destinés à la consommation locale. Quant aux objets expédiés pour l'extérieur, ils seront représentés aux Préposés de l'Octroi, lesquels, après vérification des quantités et espèces, délivreront un certificat de sortie.

Le défaut de conformité à la sortie entraînera les mêmes peines que la fausse déclaration à l'entrée.

Article 48.

Les Préposés de l'Octroi tiennent un compte d'entrée et de sortie des marchandises entreposées : à cet effet, ils peuvent faire, à domicile, dans les magasins, chantiers, caves, celliers des entrepositaires, toutes les vérifications nécessaires pour reconnaître les objets entreposés, constater les quantités restantes, et établir le décompte des droits dus sur celles pour lesquelles il n'est pas représenté de certificat de sortie. Ces droits doivent être acquittés immédiatement par les entrepositaires, et, à défaut, il est décerné contre eux des contraintes qui sont exécutoires nonobstant opposition et sans y préjudicier.

Tout excédant constaté donne lieu à la saisie et à l'amende.

Article 49.

Tout refus de souffrir les visites, vérifications et exercices des Préposés de l'Octroi sera constaté par procès-verbal.

Les prétextes d'absence seront réputés refus formel. Les Préposés, après avoir déclaré procès verbal, pourront requérir l'assistance d'un officicr de police et se faire ouvrir, en sa présence, les caves, celliers ou magasins, et procéder aux vérifications prescrites par les articles précédents.

Article 50.

La durée de l'entrepôt est illimitée.

CHAPITRE III

Contentieux.

Article 51.

Toutes contraventions aux dispositions du présent réglement seront constatés par des procès-verbaux, lesquels seront dressés à la requête du Maire. Ils pourront être rédigés par un seul Préposé, et feront foi en justice jusqu'à preuve contraire.

Article 52.

Ils énonceront la date du jour où ils seront rédigés, la nature de la contravention, et, en cas de saisie la déclaration qui en aura été faite au prévenu, les noms, qualité et résidence de l'employé verbalisant et de la personne chargée des poursuites, l'espèce, le poids ou la mesure des objets saisis ; leur évaluation approximative ; la présence de la partie à leur description, ou la sommation qui lui aura été faite d'y assister ; le nom, la qualité et l'acceptation du gardien, le lieu de la rédaction du procès-verbal et l'heure de la clôture.

Article 53.

Dans le cas où le motif de la saisie porterait sur le faux ou l'altération des expéditions, le procès-verbal énoncera le genre de faux, les altérations ou surcharges. Lesdites expéditions, signées et paraphées, resteront annexées au procès-verbal qui contiendra la sommation faite à la partie de les parapher et sa réponse.

Article 54.

La saisie et la confiscation s'étendront aux futailles, caisses, enveloppes, paniers et sacs renfermant les objets en fraude ou en contravention.

Article 55.

Les objets saisis seront déposés au bureau le plus voisin. Ils pourront, néanmoins, s'il y a lieu, être mis en fourrière.

Article 56.

Si la partie saisie ne s'est pas présentée dans les dix jours, à l'effet de payer ou consigner l'amende encourue, ou si elle n'a pas formé, dans le même délai, opposition à la vente, cette vente sera faite par le Receveur, cinq jours après l'opposition, à la porte de la Mairie et autres lieux accoutumés, d'une affiche signée de lui, et sans aucune autre formalité.

Article 57.

Néanmoins, si la vente des objets saisis est retardée, l'opposition pourra être formée jusqu'au jour indiqué pour ladite vente. L'opposition sera motivée et contiendra assignation à jour fixe devant le tribunal correctionnel, avec élection de domicile dans le lieu où siège le tribunal. Le délai de l'assignation ne pourra excéder trois jours.

Article 58.

Dans le cas où les objets saisis seraient sujets à dépérissement, la vente pourra être autorisée avant l'échéance des délais ci-dessus fixés, par une simple ordonnance du juge de paix, sur requête.

Article 59.

L'action résultant des procès-verbaux en matière d'Octroi, et les questions qui pourront naître de la défense du prévenu, seront de la compétence exclusive du tribunal correctionnel.

Article 60.

En cas de nullité du procès-verbal et si la contravention se trouve suffisamment établie par d'autres preuves ou par l'instruction, la confiscation des objets saisis ne sera pas moins encourue.

Article 61.

Le Maire sera autorisé, sauf l'approbation du Préfet, à faire remise, par voie de transaction de la totalité ou de partie des condamnations encourues, même après le jugement rendu.

Article 62.

Toutes les fois que la saisie aura été opérée dans l'intérêt commun des droits d'octroi et des droits imposés au profit du Trésor, le procès-verbal devra être rédigé à la requête du Directeur des Contributions indirectes. A cet employé supérieur appartiendra aussi, dans ce cas, le droit d'intenter les poursuites et de transiger d'après les règles propres à son administration.

Article 63.

Le produit des amendes et confiscations pour contraventions au règlement de l'Octroi, déduction faite des frais et prélèvements autorisés, sera attribué moitié aux Employés de l'Octroi, pour être répartie d'après le mode qui sera arrêté et moitié à la commune.

Article 64.

S'il s'élève une contestation sur l'application du tarif ou sur la quotité du droit réclamé, le porteur ou conducteur sera tenu de consigner, avant tout, le droit exigé entre les mains du Receveur; faute de quoi il ne pourra passer outre ni introduire l'objet qui aura donné lieu à la contestation, sauf à lui à se pourvoir devant le Juge de paix du canton. Il ne pourra être entendu qu'en représentant la quittance de ladite consignation au Juge de paix, lequel prononcera sommairement et sans frais, soit en dernier ressort, lorsque la somme demandée ne s'élèvera pas au-dessus de 300 francs, soit à la charge d'appel pour les autres affaires.

Article 65.

Les contraintes pour les recouvrements des droits d'octroi seront décernées par le Receveur, visées par le Maire, et rendues exécutoires par le Juge de paix.

Les oppositions aux dites contraintes seront instruites et jugées conformément aux dispositions prescrites par l'article précédent, et la partie opposante sera également tenue de justifier, avant d'être entendue, de la consignation, entre les mains du receveur, du montant de la somme contestée.

Article 66.

Toute personne qui s'opposera à l'exercice des fonctions des Préposés de l'Octroi, sera condamnée à une amende de 50 francs, indépendamment de la confiscation des objets saisis, lorsqu'il y aura lieu et d'une amende de 100 à 200 francs prononcée pour le cas de fraude.

En cas de voies de fait, il en sera dressé procès-verbal, qui sera envoyé au Procureur de la République pour en poursuivre les auteurs, et leur faire infliger les peines portées par le Code pénal contre ceux qui s'opposent avec violence à l'exercice des fonctions publiques.

Article 67.

Les propriétaires de tous objets compris au tarif seront responsables du fait de leurs facteurs, agents et domestiques, en ce qui concerne les droits, confiscations, amendes et dépens, lorsque la contravention aura été commise dans les fonctions auxquelles ils auront été employés par leurs maîtres, conformément à l'article 1384 du Code civil.

Les pères, mères ou tuteurs seront garants des faits de leurs enfants ou pupilles mineurs non émancipés et demeurant chez eux.

Seront également responsables les propriétaires ou principaux locataires, relativement à la fraude qui se commettrait dans leurs maisons, clos, jardins et autres lieux par eux personnellement occupés, s'ils sont convaincus de l'avoir favorisée ou d'y avoir participé.

CHAPITRE IV

PERSONNEL

Article 68.

Quel que soit le motif de perception, toutes les personnes dirigeant l'Octroi seront tenues de permettre le concours des employés des Contributions indirectes dans tous les cas où il doit avoir lieu, de leur laisser faire les vérifications et opérations relatives à leur service, et de leur donner communication de tous états, bordereaux et renseignements dont ils auront besoin.

Article 69.

Les Préposés de l'Octroi seront tenus, sous peine de destitution, d'exiger de tout conducteur d'objets soumis aux Contributions indirectes la représentation des congés, passavants, acquits-à-caution, lettres de voitures et autres expéditions; de vérifier les chargements, de rapporter procès-verbal des fraudes ou contraventions qu'ils découvriront; de concourir au service des Contributions indirectes toutes les fois qu'ils en seront requis, sans toutefois pouvoir être déplacés de leur service ordinaire; enfin de remettre chaque jour à l'employé supérieur des Contributions indirectes, un relevé des objets soumis aux droits du Trésor qui y auront été introduits.

Les Employés des Contributions indirectes concourreront également à la surveillance du service de l'Octroi et rapporteront procès-verbal pour les fraudes et contraventions relatives aux droits d'Octroi qu'ils découvriront.

Article 70.

Les Préposés de l'Octroi se serviront, pour constater le volume et le degré des liquides, des instruments dont les employés des Contributions indirectes font usage.

Article 71.

Les Préposés de l'Octroi devront toujours être porteurs de leur commission et seront tenus de la représenter lorsqu'ils en seront requis.

Article 72.

Le port d'armes est accordé aux Préposés de l'Octroi dans l'exercice de leurs fonctions. Ceux qui abuseraient de cette faculté seront destitués, sans préjudice des poursuites judiciaires auxquelles ils auront donné lieu.

Article 73.

Les Préposés de l'Octroi ne pourront ni faire le commerce des objets tarifiés, ni s'intéresser à ce commerce soit comme associés, soit comme bailleurs de fonds ou commanditaires.

Tout Préposé qui favorisera la fraude, soit en recevant des présents, soit de toute autre manière, sera mis en jugement et condamné aux peines portées par le Code pénal contre les fonctionnaires publics prévaricateurs.

Article 74.

Les Préposés de l'Octroi qui seraient signalés comme remplissant mal leurs fonctions, ou comme ayant donné lieu à des plaintes graves, pourront être suspendus par le Préfet, ou même révoqués par lui ; sur la Provocation du Directeur général des Contributions indirectes.

Article 75.

Les Préposés de l'Octroi sont placés sous la protection de l'autorité publique. Il est défendu de les injurier, maltraiter, et même de les troubler dans l'exercice de leurs fonctions, sous les peines de droit. La force armée est tenue de leur prêter secours et assistance, toutes les fois qu'elle en sera requise.

DISPOSITIONS GÉNÉRALES

Article 76.

Tous les registres employés à la perception et au service de l'Octroi seront fournis par la régie des Contributions indirectes; la dépense lui en sera remboursée par la commune, les perceptions ou déclarations y seront inscrites sans interruption ni lacune. Les expéditions qui en seront détachées seront marquées du timbre des Contributions indirectes, dont le prix fixé par la loi, sera acquitté par les redevables, et le montant versé dans les caisses de cette administration, aux époques et de la manière qu'elle indiquera.

Article 77.

Les registres servant à la perception des droits d'entrée sur les esprits et liqueurs, aux déclarations de passe-debout, de transit, d'entrepôt et de sortie pour les mêmes boissons; ceux qui sont employés pour recevoir les déclarations de mise de feu de la part des brasseurs et distillateurs; enfin, les registres portatifs tenus pour l'exercice de redevables soumis en même temps aux droits d'Octroi et à ceux du Trésor, seront communs aux deux services.

Article 78.

Dans tous les cas non prévus au présent règlement, on s'en réfèrera aux lois et règlement généraux en vigueur sur les Octrois.

Assoc. ouvrière, Jobidon et Cie — XI-1912.

www.ingramcontent.com/pod-product-compliance
Ingram Content Group UK Ltd.
Pitfield, Milton Keynes, MK11 3LW, UK
UKHW020217200726
13856UKWH00004B/1450